Kurt Tepperwein

Lichterfunken
für die
Seele

Kurt Tepperwein

Lichterfunken für die Seele

24 Advents-Impulse zum
Durchatmen und Entspannen
in der Weihnachtszeit

mvgverlag

Leise rieselt der Schnee

Lei - se rie - selt der Schnee... Still und starr ruht der See...

Weih-nacht-lich glän-zet der Wald... Freu-e dich, Christ-kind kommt bald...

Die zweite Strophe dieses Weihnachtsliedes beginnt mit: »In den Herzen ist's warm«. Nicht nur die Herzen sollten sich erwärmen, auch der Körper, der dazu Bewegung braucht. Eine entspannte Adventszeit ist keine Entschuldigung, vermehrt herumzuliegen und sich weniger zu bewegen, auch wenn es Spaß macht. Die Vorweihnachtszeit für gute Vorsätze nutzen? Warum nicht?

Achte daher darauf, dass du gesund isst und dich bewegst!

Vielleicht klingt es eher nach einer Strafe, gerade heute mit etwas zu beginnen, was schon das ganze Jahr über schwierig war.

Belohne dich mit der Freude und dem ungemein guten Gefühl, das du nach einem Spaziergang oder nach dem Sport mit nach Hause nimmst. Frische Luft macht dich fit für den Dezember und entlüftet ganz nebenbei auch das Gehirn. Guten Start!

Weihnachtslieder: älter als wir

Alle wollen lange leben, aber keiner will alt werden. Um das Altern etwas angenehmer zu gestalten, braucht es Bewegung. Heute ist ein guter Anlass, den Kreislauf so richtig in Schwung zu bringen: Laufe fünf Sekunden lang, so schnell du kannst. Danach kurz rasten. Wiederhole dies dreimal.

Das ist eine meiner täglichen Alters-Vorsorgen, die sich bestens bewährt hat. So gehst auch du gestärkt zum Weihnachtseinkauf, kannst am bevorstehenden Christkindlmarkt am Glühweinstand sündigen und mit gutem Gewissen ein paar Plätzchen mehr verdrücken.

Weitere Tipps für mehr Bewegung:

- Parke weit weg von Einkaufszentren und Geschäften.

- Nimm immer die Treppe statt den Lift.

- Wünsche dir zu Weihnachten einen Hometrainer oder ein Trampolin.

- Schreibe einen Seelen-Wunschzettel: »Wünsche mir Begeisterung für Bewegung«.

- Der Weg des geringsten Widerstands führt vom Kühlschrank direkt auf die Couch. Die längeren Wege sind lehrreicher und eben auch gesünder.

Tag der Dankbarkeit

Ich ernenne den heutigen Tag zum offiziellen Tag der Dankbarkeit, obwohl es grundsätzlich keinen Tag gibt, an dem es keinen Grund gäbe, dankbar zu sein. Wer dankbar auf den Tag blickt, wird keinen Groll verspüren, ganz gleich, was ihm widerfährt. Die rebellischen Zeiten sind passé! Wohlwollen, Vertrauen, Einverständnis und Aussöhnung sind gefragt, auch wenn die Umstände dagegensprechen. Und warum sprechen sie dagegen? Weil du dagegen, also gegen etwas bist!

Neben einem Dafür und Dagegen gibt es auch noch die goldene Mitte, aus der heraus es sich am besten lebt. Niemand hindert dich daran, sie einzunehmen. Du musst nicht mit allem einverstanden sein, was aber kein Grund für Abwehr und Trotz ist. Wenn du nicht in der Ablehnung stecken bleibst, erkennst du, dass in jedem Augenblick auch Dankbarkeit lebt. Warum also nicht heute damit beginnen, jeden Tag für alles dankbar zu sein?

Dankbarkeit kann man nicht lernen. Ein offenes und liebevolles Herz ist für alles dankbar, was ihm das Leben beschert.

Sieh hin, wo du stehst ...

Vielleicht fragst du dich, ob Dankbarkeit für alles nicht übertrieben oder unangebracht ist? Keineswegs! Du lebst! Das ist der erste Grund, um dankbar zu sein.

Weitere Gründe für Dankbarkeit:
- Die rote Ampel, der Trödler an der Kasse vor dir, der langsame Computer: Sie alle lehren dich Geduld!
- Menschen mit schrägen Outfits und auffallendem Benehmen laden dich zur Gedankenstille ein. Eine Chance für Wertfreiheit und Akzeptanz für das Anderssein.
- Der aggressive Mitmensch und der, der dir ständig dagegenspricht, sind Lektionen in Sanftmut.

Allen Menschen und Situationen, die dich fordern, gebührt ein Dank! Sie geben dir die Möglichkeit, zu wachsen, Menschlichkeit sowie Gelassenheit neu zu entdecken, um liebevoller und verständnisvoller zu sein.

Herausfordernde Situationen laden dazu ein, Fassung zu bewahren. Schlussendlich zählt immer nur das Gleichgewicht. Verliere dich nicht in Gut oder Schlecht, sondern bleibe in deiner Balance und handle, sprich und denke stets aus deinem Herzen heraus. Dankeschön!

Wundersame Achtsamkeit

Sie ist in aller Munde, doch ihre eigentliche Bedeutung wird oft verkannt. Achtsamkeit ist nicht gleich Aufmerksamkeit, denn diese neigt zu Konzentration verbunden mit Anstrengung. Achtsamkeit ist ein Bewusstseinszustand, der sich voll auf das Jetzt einlässt. Das, was gerade geschieht, steht im Mittelpunkt. Du erfüllst den Augenblick, wenn du Beobachter der Situation, vollkommen losgelöst und unbeeindruckt von dem bist, was geschieht. Man kann wahrhaftig leben oder am Leben vorbeileben – und Letzteres ist der Fall, wenn du dich zu sehr im Netz der Gedanken verstrickst.

Nimm dir heute immer mal wieder etwas Zeit und mache dir bewusst, dass du vollkommen anwesend bist, fernab vom Gedankenrad. Dein Körper ist da, deine Wahrnehmung ruht im Jetzt und dein Geist ist mit sich selbst im Reinen. Du tust, was du tust – ohne etwas erreichen zu wollen. Du fließt mit dem, was ist. Einfach herrlich!

Achtsamkeit bedeutet, alles gleichzeitig wahrzunehmen, während man sich auf eine Sache konzentriert, die sich frei von Gedankenschwere von selbst erledigt.

Achtsamkeitstraining

- Nimm während des Tages immer wieder deinen Körper bewusst wahr. Sieh ihn nicht nur als selbstverständlichen Mittelpunkt deines Lebens an, sondern als einen Punkt von vielen. Nimm Abstand von deinem Körper und erlebe dich mit deinen Mitmenschen in einem Raum, aus einer Beobachterperspektive, die auch dich selbst miteinbezieht.

- Atme bewusst ein und bewusst aus. Atme gezielt in gewisse Körperstellen und beobachte dabei, wie du sie wahrnimmst. Wie intensiv kannst du eine deiner Zehen spüren, wenn du dorthin atmest? Wie fühlt sich dein Ellenbogen an, wenn du ihn mit Atem erfüllst?

- Erlebe Aktionen ganz bewusst: Zähneputzen oder Essen – ganz gleich was du tust, sei dir aller Einzelheiten bewusst. Wie fühlt sich der Löffel an, den du beim Essen benutzt? Sein Weg von der Suppe bis zum Mund – wie bewusst nimmst du ihn wahr? Spürst du nur den Vorgang des Essens oder auch alle Details, die dich beim Essen begleiten und umgeben, ohne dich davon ablenken zu lassen?

Tägliches Aufstehen leicht gemacht

Gesegnet ist derjenige, der ohne Wecker aufstehen kann. Nicht alle Menschen sind Frühaufsteher – und wie ist es bei dir? Wenn du schwer aus den Federn kommst, empfiehlt es sich, ein paar Tricks anzuwenden, um den Start in den Tag für dich harmonischer zu gestalten.

Eigentlich sollten wir nach der nächtlichen Ruhephase erholt und entspannt sein, aber dem ist nicht immer so. Oftmals sind wir müde, hängen Gedanken nach oder können uns nur schwer von der angenehmen Bettwärme lösen. Noch einmal umdrehen ist schon sehr verlockend, doch tut es uns nicht gut.

Unsere Gedanken sind bereits kurz nach dem Aufwachen sehr aktiv, und da lassen Zweifel, Ängste und Sorgen nicht lange auf sich warten. Je länger du also in die Decke eingekuschelt bist, umso eher läufst du Gefahr, dich in Bedenken und Befürchtungen zu verlieren. Kein optimaler Start in den Tag! Deswegen kannst du heute damit beginnen, eine Gewohnheit umzuprogrammieren, und zwar flott aufzustehen und die Vorfreude auf den Tag zu genießen.

1, 2, 3, ...

Also, dann: Zähle bis zehn, und dann raus aus dem Bett.
Und nicht schummeln!

Hilfreich sind auch:

- gute Gedanken
- Freude auf etwas, wie beispielsweise einen Morgenspaziergang, eine Lektion Yoga, Feldenkrais- oder Trampolin-Übungen, eine leckeres vollwertiges Frühstück, eine kurze Meditation etc.
- eine lustvolle Tagesplanung
- Haustiere streicheln und versorgen
- mit den Blumen sprechen und sie gießen
- Wasser zehn Minuten abkochen und mit zwei Tassen auf nüchternen Magen in den Tag starten

- dein Trinkwasser informieren: ein Gebet oder liebevolle Worte sprechen
- morgendliches Schönheitsritual der Körperpflege, Ölziehen, genussvolles Eincremen oder Ähnliches
- mit einer Kurzaufräum-Zeremonie durchs Haus fegen

Mein Lieblings-Morgen-Ritual ist:

Tipp: Es ist sehr wertvoll, nicht gleich am Morgen aufs Handy zu sehen oder Mails abzufragen. Der Tag ist lange genug, und je frischer du ihn beginnst, umso lebendiger wird er werden.

Der mit der Rute

Achtung, der Krampus, Kramperl oder Bartl, kommt! Heute ist Krampustag und üblicherweise erscheint der Heilige Nikolaus in Begleitung der gefürchteten Schreckgestalt am Abend des 5. Dezembers. Irgendwie scheinen alle Heiligen mit der Kirche unter einer Decke zu stecken, nämlich unter der der Machtausübung.

Gott hat mit der Kirche nichts am Hut, denn diese wurde vom Menschen geschaffen. Doch jeder Glaube ist grundsätzlich gut, weil er ein Anker ist, Menschen Mut macht und Zuversicht schenkt.

Es ist der Mensch, der das Gleichwertige in Gut und Schlecht aufspaltet. Was auch immer wir unter Gott verstehen, er lebt in allem und ist somit gewiss kein strafender Gott. Strafe und Schuld sind von Menschen gemacht. Merke dir: Du bist weder Sünder noch lastet Schuld auf dir. Menschen machen Fehler. Auch du! Wiederhole sie einfach nicht und gib dein Bestes, dann ist alles bestens.

Wer oder was ist Gott?

Was ist das für ein Gott, der dieses Chaos, in dem wir leben, zulässt? Das wurde ich oft gefragt. Das Problem liegt in der Fragestellung. Wir alle haben ein Gottesbild, eine Vorstellung, die aber nichts mit Gott zu tun hat. Gott weiß nicht, dass er Gott heißt. Wir haben ihm diesen Namen gegeben. Ob Krishna, Buddha, Jesus Christus oder Allah – hinter all diesen Namen verbirgt sich ein und dieselbe Kraft. Was sollte diese eine Herrlichkeit wahrnehmen, außer sich selbst? Sie denkt nicht, kritisiert nicht und urteilt nicht. Sie ist das, was alles Leben ermöglicht und lenkt.

Suche Größe nicht im Außen, kehre deine eigene Größe heraus! Du trachtest vergebens nach etwas Großem, das auf einem Thron sitzt, zu dem du aufsehen kannst. Der Thron findet sich in den Herzen aller Lebewesen wieder, deshalb lohnt es sich, nach innen zu schauen, anstatt ständig nach außen zu starren und dort zu verharren.

Dein Herz ist die Wohnstätte von Freude und Leichtigkeit. Ziehe ganz dort ein!

Erziehungstag

Heute zelebrieren wir das Nikolausfest. Der Nikolaustag ist besonders bei Kindern sehr beliebt, weil sich neben Mandarinen und Nüssen meist auch Süßigkeiten und Geschenke im Jutesack verstecken. Das Nikolausfest ist einer der ältesten überlieferten Bräuche. Dem heiligen Nikolaus kann eine gewisse pädagogische Rolle nicht abgesprochen werden: »Seid ihr auch schön brav gewesen?« Auf diese Frage wird gerne geschwiegen und meist auch schwer geschluckt. Schlechtes Benehmen, Unehrlichkeit und Lügen sind hier fehl am Platz. Schlimme Kinder sind unerwünscht, doch was bedeutet es eigentlich, brav zu sein? Und sind Lügen immer falsch? Keineswegs. Unwahrheiten können auch gut und wertvoll sein. Eltern zu Hansi: »Du sollst nicht lügen.« Antwort von Hansi: »Ich sag nur Nikolaus, Weihnachtsmann, Christkind und Osterhase!«

Wir sollten Kinder nicht erziehen, sondern begleiten. Ihnen Grenzen aufzeigen, sie aber ernst nehmen und vor allem erkennen, dass wir unglaublich viel von ihnen lernen können.

Einen Tag lang Kind sein

Kinder sind:

- ◯ unbeschwert
- ◯ spontan
- ◯ vorurteilslos
- ◯ unbefangen

- ◯ neugierig
- ◯ offen
- ◯ im Augenblick
- ◯ erfinderisch

- ◯ ehrlich
- ◯ unmittelbar
- ◯ authentisch
- ◯ vertrauensvoll

Setze oben neben jede kindliche Eigenschaft eine Zahl von 1 bis 10, die auf dich zutrifft, wobei 1 bedeutet: trifft gar nicht zu, und 10: trifft zu 100 % zu. Schaue dann einmal, worin du dich noch steigern kannst.

Menschen sind das Spiegelbild der universellen Kraft. Je jünger sie sind, desto reiner sind sie. Warum das so ist? Weil Kleinkinder noch keine Rolle spielen und die Identifikation mit der Person sich erst entwickelt. Bis zum etwa fünften Lebensjahr sagt das Kind: »Hansi hat Hunger.« Es sieht sich nicht als dieses Kind an. Dann sagt man ihm: »Du musst ›Ich habe Hunger‹ sagen.« Und schon beginnt das Kind, in die Ich-Rolle hineinzuwachsen. Es verliert seine Unbeschwertheit. Doch Vergessenes kann jederzeit wieder erinnert werden! Heute wäre ein guter Tag, damit zu beginnen.

Rückbesinnung, aber worauf?

Auf das Wesentliche? Ist nicht für jeden Menschen etwas anderes wesentlich? Ja, aber *das Wesentliche*, das wahre Werte hervorbringt und den Menschen liebenswert macht, ist nichts Individuelles. Natürlich hat Besitz seine Berechtigung, dennoch wird er überwertet. Wie kann etwas als wichtig oder lebensnotwendig erachtet werden, wo es doch vergänglich ist? Warum ignorieren wir, dass sich alles wandelt? Sogar unser Ableben blenden wir aus, obgleich es allgegenwärtig ist.

Tod bedeutet nicht das Ende, sondern Wandlung. Wir klammern uns an Dinge und wünschen uns, dass Situationen bleiben, wie sie sind. Keine Sekunde lang ist etwas gleich. Sogar der Bach oder der Strauch, an denen du heute vorbeigehst, wird morgen schon anders sein.

Wir nehmen alles als gegeben hin, aber sehen die Veränderung nicht. Und wir haben Angst vor ihr, anstatt uns auf sie zu freuen.

Lass uns heute die Veränderung begrüßen, indem wir Ja zu ihr sagen.

Schönheit, ich komme!

Als Frauen noch Augenbrauen hatten, man zum Telefonieren Kleingeld brauchte und man das Geschirr mit der Hand abwusch, war es anders. Nicht unbedingt besser, denn die Entwicklung ist auf vielen Ebenen weit vorangeschritten, was uns auch Vorteile bringt. Wir arbeiten mehr, empfinden mehr Druck, wollen mehr und sind häufiger genervt und krank, was eher nach Rückschritt klingt. Studien haben gezeigt, dass der Mensch mehr Wissen besitzt, sich seine ursprüngliche Menschlichkeit aber nicht zum Positiven verändert hat. Werte wie Fürsorge und Respekt haben weniger Priorität als selbstbezogene Themen. Wir können das ändern!

Gehe heute mit offenen Augen durch die Welt und tu so, als ob du heute alles zum ersten Mal siehst. Bleib stehen, nimm es wahr und betrachte es. Trau dich, die Dinge anzufassen und sie auf dich wirken zu lassen. Du wirst sehen, die Natur ist weit mehr als eine schöne Zierde, sie ist der Spiegel deiner Innenwelt und erinnert dich an deine Schönheit.

Die Freiheit liegt im Verzicht

Von Zurückhaltung und Genügsamkeit mag in der Regel niemand etwas wissen. Doch versteckt sich darin genau das, was uns zufriedener machen kann und unser Herz und unsere Seele bereichert.

Ist Glück Vergnügen? Ja! Aber was ist Vergnügen? Objekte der Begierde zu nutzen und zu sammeln sowie Besitz anzuhäufen? Vergnügen ist für mich der freiwillige Verzicht, nämlich weniger zu haben. Für mich liegt Freiheit darin, mich für weniger zu entscheiden, und weniger ist wirklich mehr, wie es das Sprichwort so schön sagt. Das beginnt bei einer Einschränkung, die nicht als einschränkend, sondern als befreiend empfunden wird, und endet im Teilen und im Geben. Geben ist wohl das größte Glück auf Erden. Es macht nicht nur andere Menschen glücklich, das Glück der anderen ist unser Glück. Wenn wir das entdeckt und auch erlebt haben, dürfen wir uns wirklich als Glückspilz entscheiden.

Die Freiheit liegt im Verzicht und ist nicht der Verzicht.

Und wie bin ich?

Streben wir nach Ruhm, Macht und Geld, dann wollen wir automatisch immer mehr. Und da der Begriff »genug« keine Grenzen kennt, macht er uns gierig. Unzufriedenheit nistet sich ein. Außerdem kommen wir von unserem Weg und unserer eigentlichen Bestimmung ab, nämlich EINFACH zu SEIN.

Spiritualität ist ein Leben in Harmonie. Sie ist genügsam und genügt sich selbst. Aber wie auch immer dem sei: Ich bin gut, wie ich bin, sonst wäre ich ja nicht ich!

Augen auf und durch: ein radikaler Selbsttest für Ehrliche und Mutige
Ich bin schon ein wenig:

- ○ gierig
- ○ egoistisch
- ○ ehrgeizig
- ○ knausrig

- ○ sparsam
- ○ habgierig
- ○ verschwenderisch
- ○ vernünftig

- ○ genügsam
- ○ einsichtig
- ○ zurückhaltend
- ○ großzügig

Ich bin ganz vergnügt, wenn ich auf etwas verzichte, denn dann empfinde ich die Freiheit, nichts zu brauchen und von nichts abhängig zu sein.

Warum nicht etwas verweilen

Du eilst zur Tür hinaus und streifst das Windspiel, das im Freien hängt, mit deiner Schulter. Leise feine Töne erklingen, danach ist es still. Nimmst du den Laut bewusst wahr? Erreicht er dein Herz?

Und die Stille danach? Vernimmst du sie?

Mit deinen Gedanken bereits in der Geschäftigkeit des Tages versunken, gehst du ohne stehen zu bleiben achtlos vorüber. Es ist so vieles, das dich täglich umgibt, was du hören, sehen und fühlen kannst. Es liegt ein feiner Unterschied darin, ob du das klingende Windspiel ignorierst oder kurz stehen bleibst und dich darauf einlässt, dich daran erfreust. Tiefe Zufriedenheit ist überall dort, wo Hektik, Druck, Eile und Spannung abwesend sind.

Du kannst tausende Bäume sehen. Was nutzt es dir, wenn du an ihnen vorübereilst? Wenn du einen Baum wirklich siehst, dich an ihn lehnst und seine Kraft spürst, wird dies zu deiner Kraft, die du im Alltag nutzen und fruchtbar einbringen kannst.

Weile statt Eile

Das Windspiel könnte auch ein Vogelgezwitscher sein, das Miauen eine Katze oder das Rascheln der Blätter eines Baumes im Wind. Gehe mit offenen Augen durch die Welt und nimm öfter mal den Augenblick wahr, anstatt ausschließlich deinen Gedanken hinterherzulaufen. Achte auf die Pausen zwischen den Geräuschen und verlagere ab heute jeden Tag für einige Momente deine ganze Aufmerksamkeit in den Augenblick. Fahre mit deiner Hand bewusst durch die Stäbe des Windspiels, lausche der Katze und dem Rascheln der Blätter im Wind. Fühle die Melodie mit all deinen Zellen, und zwar dort, wo Lärm entsteht.

Finde heraus, wie sich Innehalten anfühlt. Erforsche dein Menschsein, anstatt Zeit mit oberflächlichen Beschäftigungen zu vergeuden. Die Zeit kommt nicht mehr zurück. Sie ist unendlich kostbar und sollte ganz bewusst und gezielt genutzt werden. Mit dem Alter wird einem das ganz von selbst bewusst. Man kann es aber auch in jungen Jahren entdecken.

Entscheidungslust – Entscheidungsfrust

Eine Frau ging von Sorgen geplagt durch den Wald. Sie dachte: »Ständig verlangt das Leben Entscheidungen von mir. Aber wie weiß ich, wofür ich mich entscheiden soll? Wie erkenne ich, was richtig ist und was falsch?«

Daraufhin ertönte eine Stimme in ihr: »Wie auch immer du dich entscheidest, es wird richtig sein. Du kannst dich nicht entscheiden, solange die Zeit dazu nicht reif ist! Wenn du aber eine Entscheidung gefällt hast, wie soll sie falsch sein? Warum zweifelst du an dir? Auch wenn du später denkst, dass du anders hättest handeln sollen, so war es in diesem Moment richtig, da du immer nur so handeln kannst, wie du handelst.

Es gibt weder falsche noch richtige Entscheidungen, nur verschiedene. Sei dir gewiss: Wenn du dich in all deinen Entscheidungen darum bemühst, keinen Schaden anzu-richten, so wird es niemals zu deinem Nachteil sein. Jede Erfahrung hat ihren Sinn, ganz gleich wie es dazu gekommen ist.«

Nägel mit Köpfen

Steht heute eine Entscheidung an? Oder schon länger?

Setze dich hin, nimm ein Blatt Papier zur Hand und schreibe auf, welche Entscheidungen anstehen. Unterteile diese in eine Ja- und eine Nein-Spalte. Was spricht dafür und was dagegen? Lass dir Zeit, aber versuche dennoch, spontan zu sein.

Prüfe dann, ob das, was dein Verstand für wichtig erachtet, auch wirklich wichtig ist. Kommen deine Antworten wirklich aus dem Herzen? Oder stammen sie aus deinem Kopf? Lege die Liste dann weg und nimm eine Münze zur Hand. Bestimme, welche Seite für ein Nein und welche für ein Ja stehen soll. Besinne dich kurz und schaue, wie sich das Ergebnis anfühlt, wenn du die Münze geworfen hast. Ist es die Antwort, die du erhofft hast? Bist du damit einverstanden, und wenn nicht, was macht die Entscheidung der Münze mit dir?

Du kannst es drehen und wenden, wie du willst, wenn die Zeit reif ist, wirst du wissen, was zu tun ist. Bis dahin: Lebe das Leben ohne großes Gedankenwälzen und vertraue, dass sich die Antwort zeigen wird.

Schicksal oder Zufall

Hast du dich schon einmal gefragt, inwieweit du Einfluss auf dein Schicksal hast? Die Zukunft lässt sich trotz unserer Ziele und Vorstellungen nicht planen. Man sagt: Wer Gott zum Lachen bringen will, erzähle ihm seine Pläne. Tatsächlich ist nichts sicher – und auch das ist ungewiss. Dein Lebensrhythmus suggeriert dir Sicherheit, die es nicht gibt. Beängstigend?

Ganz im Gegenteil! Ist nicht jederzeit alles möglich, wenn nichts sicher ist? Ist das nicht toll? Glaube an das Gute! Setze deine Energie nicht dazu ein, um Veränderung zu erzwingen, lass dich vom Leben überraschen.

Im Ungewissen gibt es vieles zu entdecken. Wir wollen immer wissen, wie es weitergeht, und Pläne schmieden. Wie langweilig, wenn Prognosen von Wahrsagern eintreffen würden. Nimm mit offenen Armen in Empfang, was an deine Lebenstür klopft. Diese sollte offen sein, und du solltest zu Hause sein!

Das bist du dann, wenn dein Kopf leer ist. Wer zu sehr mit seinen Gedanken beschäftigt ist, kann das Klopfen nicht hören.

Augen, die überall sind

Stell dir vor, dass dir heute bei allem, was du tust, ein unsichtbares Auge zusieht. Jemand wohnt deinem Leben bei. Das bedeutet, noch mehr Verantwortung zu übernehmen und noch genauer, aufrichtiger und achtsamer zu sein. Neben dem allsehenden Auge gibt es auch ein unsichtbares Ohr, das alles – nämlich auch Gedanken – hört. Würdest du unter diesen Umständen genauso handeln und denken wie bisher? Oder würdest du frischen Wind in Gedanken, Worten und Taten lassen, die wertschätzender, liebevoller und respektvoller sind? Dann würde sich in deinem Leben vieles ändern. Es würden nämlich genau die Ereignisse stattfinden, die du in dein Leben eingeladen hast. Du gestaltest deine Situationen mit und wirst eine reiche und gute Ernte einfahren, weil immer nur das bei dir anklopfen kann, was du ausgesät hast.

Jemand sieht alles! Nicht jemand da oben, der größer und mächtiger ist als du. Nein! Eine universelle Kraft, die durch alle Lebewesen fließt.

Entspann dich!

Halbzeit. Jetzt mehren sich Aufgaben, die Druck und Stress erzeugen. Weihnachten rückt näher. Das Leben ist nicht immer entspannt und süß. Es kann auch bitter und anstrengend sein. Bei alltäglichen Problemen zeigt uns das Leben, wo wir stehen: Lassen wir uns hinunterziehen und von Herausforderungen einwickeln oder gelingt es uns, Haltung zu bewahren und darüberzustehen? Hilfreich ist auf alle Fälle, wenn wir in der Hitze des Gefechts auf Abstand gehen. Uns aus der Situation herausnehmen, durchatmen, an etwas Schönes denken und etwas ganz anderes tun.

Malen, Backen, Lesen?

Es gibt jeden Tag Kleinigkeiten, die nicht rundlaufen. Wenn heute etwas schiefläuft, denk daran, es nicht gleich geradezubiegen. Nimm Abstand, lasse los und schlafe eine Nacht darüber. Morgen sieht die Welt ganz anders aus, und vieles legt oder erledigt sich ganz von selbst.

Den Tag versüßen

Haferflocken-Bananen-Mandel-Kekse

Folgendes Rezept ist nicht nur simpel, die Kekse sind auch ein Genuss ohne Reue. Lecker!

Für ca. 12 Kekse

Zeitbedarf:
10 Minuten
20 Minuten backen

Zutaten

2 überreife Bananen
80 g Feinblatt-Haferflocken
(nach Belieben feiner mixen)

40 g Mandeln, gerieben
1 Prise Bourbon-Vanille
Stevia, nach Belieben

Zubereitung

1. Den Backofen auf 180 °C Umluft vorheizen und ein Backblech mit Backpapier auslegen.

2. Die Bananen schälen, in eine Schüssel geben und mit einer Gabel zerdrücken. Anschließend mit Haferflocken, Mandeln und Vanille vermengen.

3. Die Masse probieren. Ist sie nicht süß genug, etwas Stevia unterrühren.

4. Mit den Händen 12 Kekse formen und auf das Backblech legen.

5. Die Kekse ca. 20 Min. auf der mittleren Schiene des Ofens backen, danach das Blech herausnehmen und die Kekse auf dem Blech auskühlen lassen.

Das Rezept kann mit Chiasamen, Zimt, Kokosraspeln, Flohsamen, Rosinen oder klein geschnittenen Datteln beliebig verfeinert werden. Laktosefrei, vegan und zuckerfrei

Immer wieder loslassen

Man kann sie nicht mehr hören, all die gut gemeinten Ratschläge. Das Loslassen ist so ein Kandidat. Ja, man kann durchhalten, um etwas zu Ende zu bringen oder zu erreichen, doch manchmal ist der beste Schritt, loszulassen. Und warum tun wir uns darin so schwer? Weil uns das Altgewohnte eine Art Sicherheit gibt, die es eigentlich gar nicht gibt. Was ist schon sicher? Dein Job? Freundschaften? Die Lebensumstände? Nichts von all dem bleibt, wie es ist, und ändert sich ständig.

In jedem Augenblick kann alles anders sein. Warum also nicht den Sprung ins kalte Wasser wagen und sich gleich jetzt befreien! Angst und Bequemlichkeit hindern dich nur so lange daran, wie du es zulässt. Entziehe der Gewohnheit die Macht und triff eine Entscheidung. Der Schritt aus der Komfortzone lohnt sich, denn auf einem toten Pferd weiterzureiten, ist auch keine Option. Bringe Herz und Kopf in Einklang und beende ihre Diskrepanzen. Dann stellt sich auch die lang ersehnte wohltuende Ruhe ein.

Ich habe es verstanden, mache es aber nicht!

Triff deine eigenen Entscheidungen. Kein Druck, kein Zwang, kein Muss. Solange das Leben schwer ist, Spannungen und Druck herrschen, ist und bleibt Loslassen ein schwieriges Unterfangen. Lade die Leichtigkeit in dein Leben ein, damit Loslassen kein Akt der Handlung, sondern natürliche Selbstübergabe ist. Lass das, was dich belastet und nicht mehr zu dir gehört, von dir abfallen, anstatt es loswerden oder ändern zu wollen.

Lass los! Lass vor allem deine Vorstellungen, Meinungen, Interpretationen und Widerstände ziehen. Loslassen hat auch etwas mit Aussöhnung und Vergebung zu tun. Nutze den Reichtum des Einfachen und lasse das Unkomplizierte hinter dir.

Sei, was du bist. Du bist wunderbar, nicht das, was du tust, wie du dich siehst, erlebst und empfindest oder wie du über dich denkst, sondern das, was du bist.

Du musst nicht perfekt sein, es reicht völlig aus, du selbst zu sein.

Ein kostbares Gut

Oft versuchen wir, zu viel an einem Tag zu schaffen, um für später mehr freie Zeit zu gewinnen. Das Gegenteil ist der Fall: Wir sind geschafft und überfordert und leisten weniger statt mehr. Du kannst Zeit weder gewinnen noch verlieren, da sie dir nicht gehört. Um bevorstehende Arbeiten in den Griff zu bekommen, kann man den Tag planen – aber nicht zu streng, sondern strukturiert. Das hilft dabei, dass das Notwendige seine Erledigung findet.

Vergiss nicht, dass du keine Maschine bist und dir regelmäßige Pausen gönnen darfst und sogar musst. Stress und Druck tauchen erst auf, wenn wir uns überfordert fühlen, alles gleichzeitig und schnell erledigen wollen. Eins nach dem anderen! Denke nicht an später.

Erledige deine Aufgaben mit Lebensfreude und voller Aufmerksamkeit. Mit Sorge daran denken, was noch alles zu tun ist, bringt weder dir etwas noch ein gutes Ergebnis. Entspanne dich, während die Uhren ticken, um die Zeitlosigkeit deines Herzschlags zu spüren.

Zeit ist ...

... ein Gegner? ... ein Freund? Wie kostbar ist Zeit? Ich habe mir die Frage gestellt, was Zeit ist und ob es sie überhaupt gibt. Nun, wir brauchen die Zeit, um unseren Alltag zu strukturieren und Termine zu planen. Das gehört dazu, aber was ist dazwischen?

Hast du die Muße, dich auf die Erfahrung mit Zeitlosigkeit einzulassen?

○ ja
○ nein

Wie empfindest du Zeit? Ergänze folgenden Satzbeginn:

Zeit ist ....

Zeit ist ....

> **Tipp:** Gehe raus und lüfte deinen Kopf. Wer sich regelmäßig in der Natur bewegt, ist leistungsfähiger. Auch bringt es die Ideenquelle wieder zum Sprudeln. Und die Zeit? Sie begleitet dich!

Schließe deine Augen und meditiere heute darüber, was das Zeitgefühl an sich mit dir macht, was es in dir bewirkt und wo es zu finden ist. Dehne dieses Experiment auf einen längeren Zeitraum aus und versuche es auch mit anderen Begriffen. Es gibt vieles zu entdecken, denn die Dinge sind nie so, wie sie gedacht und wahrgenommen werden.

15

Mut zur Ehrlichkeit

Alle wollen, dass man ehrlich ist – und ist man es, ist es auch nicht recht. Die Ehrlichkeit anderer ist eine große Tugend, die man ertragen muss. Die Kraft von Ehrlichkeit ist befreiend, erhebt sich über Grenzen, macht unverletzlich und verleiht Würde. Klingt das nicht großartig? Würde? Ein abgefahrenes Wort, das einem Sprachschatz entspringt, der irgendwie verschwunden ist – so wie Telefonzellen und Schallplatten. Letztere sind ja wieder im Kommen. Lass uns ab heute aufrichtig sein. Ehrlichkeit währt am längsten, und flunkern gilt nicht. Lieber einmal nichts sagen, dann ist es auch nicht gelogen.

Vielleicht sind ehrliche Menschen deshalb so selten, weil sie von den Unehrlichen belächelt werden und sich von ihnen anstecken lassen, um zu ihnen zu gehören.

Es ist mutig, die Wahrheit zu hören!

Lügen haben kurze Beine
Das stimmt! Und wie lang sind deine?

Nimm dir ein Maßband und miss die Länge eines Beines ab. Im Durchschnitt haben Frauen eine Beinlänge von 78 Zentimetern (gemessen von der Innenseite der Ferse bis zum Schritt). Optimal wäre eine Beinlänge von 82 Zentimetern. So, und jetzt kommt der Clou, nämlich nichts. Hattest du eine Pointe erwartet? Es spielt keine Rolle, ob dein Ergebnis darunter oder darüber liegt. Fakt ist, so schnell wirst du die Zahl nicht mehr vergessen und das ist ein gutes Beispiel dafür, dass wir zu viel Unnützes wissen und vieles über Bord werfen können.

Aufrichtiges Lügen gibt es nicht. Es muss aber nicht immer schwerfallen, ehrlich zu sein. Es kann auch Spaß machen!

Think positive ...

... das versteht wahrscheinlich auch jemand, der kein Englisch spricht. Wir sprechen jeden Tag ziemlich viel und sind uns kaum der Kraft und wahren Bedeutung von Worten bewusst. Abgesehen davon, sind wir worttechnisch oft nicht mehr up do date und können mit der Jugend von heute kaum mehr mithalten. Chillen, mega und krass sagt die Generation von heute. Wer das nicht versteht, ist nicht hip. Und wer hätte sich vor 20 Jahren einen Zoom-Call oder ein Online-Date vorstellen können?

Wer sitzt heute noch auf einer Chaiselongue, klöppelt und trinkt Orangeade oder isst Eintopf und hat eine Zugehfrau? Kassettenrecorder und Diktiergeräte haben ebenfalls ausgedient. War die gute alte Zeit wirklich so gut?

In Erinnerungen zu schwelgen vermittelt ein Gefühl von Geborgenheit und Sicherheit, eine Vertrautheit, nach der wir uns oft sehnen. Schenken wir uns doch einfach wieder selbst etwas Aufmerksamkeit, denn auch ohne Nostalgie kann der Augenblick erfüllt sein von Wärme und Zufriedenheit.

Nostalgische Zeiten

	kenne ich	kenne ich nicht	vermisse ich	denke ich gerne dran	mag ich
Barbapapa	○	○	○	○	○
Die Peanuts	○	○	○	○	○
Nick Knatterton	○	○	○	○	○
Pippi Langstrumpf	○	○	○	○	○
Knight Rider	○	○	○	○	○
Die Waltons	○	○	○	○	○
Biene Maja	○	○	○	○	○
Black Beauty	○	○	○	○	○
Pinocchio	○	○	○	○	○
Miami Vice	○	○	○	○	○
Lieber Onkel Bill	○	○	○	○	○
Die Onedin-Linie	○	○	○	○	○

Folgende Fernsehserie von früher wünsche ich mir: _____

Am besten gleich im Netz danach suchen und etwas darin schwelgen. Was spricht dagegen?

Dankbarkeit

Wie empfindest du Dankbarkeit? Löst das Wort etwas bei dir aus? Magst du es? Dankbarkeit hat etwas mit Liebe zu tun. Sind wir nur dankbar, wenn wir etwas geschenkt bekommen, uns etwas gelingt oder sich ein Herzenswunsch erfüllt? Sind wir auch dankbar, wenn sich Probleme anbahnen und irgendwie gar nichts klappen will? Wohl eher nicht. Dankbarkeit scheint zu einem großen Teil an Bedingungen geknüpft und von Umständen abhängig zu sein.

Aber ist Liebe nicht frei?

Es gibt so viele simple Dinge, für die wir dankbar sein können, wie zum Beispiel Tagesaufgaben zu bewältigen, wie sich selbst zu waschen, gesund zu sein und jeden Tag satt zu werden. In der Jugend freut man sich auf das gute Essen, im Alter freut man sich, wenn man es problemlos ausscheiden kann. So verschieben sich Bedürfnisse, und die Dankbarkeit nimmt mit den Jahren ganz von allein zu.

Wir schielen zu oft auf das, was wir nicht besitzen. Wie wäre es, wenn wir heute für alles dankbar wären, was wir haben?

Tagesrückblick

Sind dankbare Menschen vom Aussterben bedroht? Um hier entgegenzuwirken, lasse den Tag Revue passieren, bevor du abends zu Bett gehst. Schreibe auf, wofür du dankbar bist. Es lohnt sich, ein Notizbuch auf den Nachttisch zu legen und dieses Ritual jeden Tag einzuplanen. Es ist sehr schön, wenn man zurückblickt und nachblättern kann, wie reich einen das Leben immer wieder aufs Neue beschenkt. Es sind Kleinigkeiten, die den Tag wertvoll machen. Wahre Dankbarkeit schließt die ganze Welt in ihr Herz.

So zelebrierst du Dankbarkeit:

- Mache dir nach dem Aufwachen bewusst, wofür du heute dankbar bist. Der Tag ist noch nicht mit Erfahrungen gefüllt. Entdecke Dankbarkeit in alltäglichen Dingen, die selbstverständlich erscheinen.
- Fülle Momente mehrmals bewusst mit Freude und dankbaren Gedanken und Gesten.
- Richte das Essen liebevoll an. Sprich ein kurzes Dankesgebet. Du hast noch Zähne! Dies ist ein guter Grund, um dankbar zu sein.
- Beende das Essen, bevor du satt bist, und lasse etwas Platz in deinem Bauch. 1/3 gehört der Dankbarkeit.

Überraschung!

Die meisten Menschen lieben Überraschungen. Aber nur die guten. Ein erfreuliches Ereignis oder ein Geschenk stufen wir als Überraschung ein. Aber es gibt noch etwas, was sich unter dem Deckmantel der Überraschung versteckt: das Leben. Es ist voller Überraschungen. Oft sind sie so klein, dass wir sie gar nicht bemerken. Der morgendliche Blick aus dem Fenster: Der Baum sieht aus wie immer. Nein, tut er nicht! Er hat über Nacht Blätter verloren. Überraschung! Der Baum hat sich verändert! Und über so etwas soll man sich freuen?

Warum nicht? Doch zuvor muss man genau hinsehen und die Veränderung bemerken, die nicht immer offensichtlich ist. Das ganze Leben ist wie ein unbeschriebenes Blatt. Du entscheidest über den Inhalt.

Vielleicht ist heute etwas passiert, das du nicht so toll fandest. Aber bist du dir sicher, dass du nicht etwas in dein unsichtbares Lebensbuch geschrieben hast, was dieses Ereignis mitbestimmt oder gar hervorgerufen hat? Vergessen wir nie, dass nicht wir dem Leben folgen, sondern es uns.

Fülle den Tag mit Freude, damit du Freude ernten kannst.

Lade die Überraschung doch einfach ein!

- Je mehr positive Überraschungen du aussäst, umso mehr davon wirst du ernten, sagt das Gesetz von Ursache und Wirkung.

- Dankbarkeit ist ein Überraschungsmagnet. Je dankbarer du bist, umso überraschungskompatibler wirst du werden.

- Allein, sich vorzustellen, dass in allem Gott wohnt, ist eine Überraschung. Noch überraschter wirst du sein, wenn du ihn auch in allem erkennst und nicht immer wieder seinen Verkleidungen auf dem Leim gehst.

- Wie wäre es damit, wenn du die unangenehmen Dinge mal überraschen würdest und ihnen ohne Ablehnung begegnest? Aber wundere dich nicht, wenn sie sich so erschrecken, dass sie umgehend das Weite suchen.

- Alles, was dir widerfährt, als gute Überraschung anzuerkennen, ist eine reife Haltung und die beste Voraussetzung dafür, sich Unzufriedenheit vom Leib zu halten.

- Am besten nichts erwarten, dann klappt's auch mit der Überraschung!

Ein farbenfrohes Leben

Draußen schneit es. Die Kälte lädt dazu ein, ein Kerzlein anzuzünden. Alle sitzen gemütlich beisammen. Es werden Lieder angestimmt, und es duftet nach Weihnachtsbäckerei.

Kitschig oder idyllisch? Wie auch immer, zumindest meist nicht Realität! Wenn dein heutiger Tag anders aussieht, dann sei dir bewusst: Nur wer die Herzen bewegt, bewegt die Welt! Dafür benötigt es ein offenes Herz. Und wie steht es um deines? Ist dein Herz offen oder verschlossen, ist es weit oder eng, warmherzig oder kalt, neugierig oder gar nach innen gekehrt?

Ersehne dir keine bessere Zukunft, sondern realisiere, dass es die Herzenskraft ist, die maßgeblich deine Zukunft formt. Du allein bestimmst die Farben des Lebens. Deshalb befreie es noch heute vom Schwarz-Weiß-Denken und gestalte es um. Dafür prüfe Inhalt und Qualität von deinen Gedanken und Gefühlen. Wenn du alle Gedanken jederzeit laut aussprechen kannst, weißt du, dass dein Leben bald frischer sein wird.

Herzenslicht

Nachdem du heute ganz bewusst eine Kerze angezündet hast, denke daran, auch dein Herzenslicht scheinen zu lassen. Auch wenn dir im Außen etwas fehlt, du einen Menschen an deiner Seite vermisst, vieles unrund läuft und gerade überhaupt nichts funktioniert, denke daran: Dein Unwohlsein hat damit nichts zu tun!

Schöpfe Kraft aus dir selbst, denn das, was du sehnlichst vermisst, kannst du nur in dir drinnen entdecken. Schlechte Laune und Unmut kommen vor, doch Selbstmitleid und Stagnation bringen dich nicht weiter. Vielleicht wünschst du dir Veränderung oder sehnst dir eine neue Lebenssituation herbei. Aber bedenke:

Wer weniger will, ist in der Lage, mehr zu fühlen.

Lasse diesen Satz auf dich wirken und nimm ihn mit in den Tag. Wie auch immer es jetzt ist, so ist es gut. Und: Es ist immer nur so gut, wie du es bist. Was so viel bedeutet wie: Alles entspricht dir, denn das Leben folgt deinen Gedanken und Gefühlen. Du erlebst immer nur dich selbst. Sei gut zum Leben, damit es gut zu dir sein kann.

Reizüberflutung ade

Permanent online, Werbung, volle To-do Listen oder ein stets hoher Geräuschpegel – es gibt vielerlei, was tagtäglich auf uns einwirkt. Kennst du das? Gerade in der Vorweihnachtszeit steigern sich Reize und Druck – oder Überforderung macht sich breit. Du fühlst dich angespannt und ruhelos. Stopp! Schalte ab.

Reizbar ist man, wenn die Reize überhandnehmen. Deswegen: Schalte gedanklich ab! PC und Handy haben einen Knopf, mit dem man sie ausschalten kann. Entscheide dich jeden Tag, einmal draufzudrücken. Du bist nur einen Knopfdruck davon entfernt, Druck abzubauen. Entspanne und ziehe dich zurück, dorthin, wo du ungestört bist. Ein gutes Buch, Musik oder ein Blick in den Himmel können Wunder bewirken. Klingt so profan, ist aber außerordentlich wirksam, auch wenn du es dir nicht vorstellen kannst. Klick. Und aus. Eine Viertelstunde reicht vollkommen.

Entspannung ist kein Luxus, sondern Tagesroutine!

It's Tea Time!

Eine gute Tasse Tee am Tag, wo der Genuss in den Augenblick übergeht und in deinem Universum nur er und du existieren, ist ein überaus wirkungsvolles Entspannungs- und Entschleunigungsritual.

- Kamille – erinnert auch an kranke Kindheitstage! Dieses Programm löschen, denn Kamille lässt Hektik verschwinden. Ihr wird eine krampflösende und entzündungshemmende Wirkung nachgesagt.
- Johanniskraut – vertreibt depressive Stimmungen und Angstzustände.
- Baldrian – kennt fast jeder, du bestimmt auch? Aber verwendest du ihn? Er entspannt die Nerven, wirkt nebenbei Stress entgegen und hilft, Krämpfe abzubauen.
- Melisse – beruhigend bei Stress und Angst. Für besseren Schlaf.
- Weißdorn – ist gut für ein starkes Nervenkostüm. Er wirkt beruhigend und rückt nebenbei dem Bluthochdruck zu Leibe.
- Lavendel – mag man oder mag man nicht! Auf alle Fälle wirkt er ebenfalls beruhigend, hilft bei Erschöpfung und fördert einen gesunden Schlaf.

Tag der offenen Herzen

Man sagt, dass der heutige Tag eigentlich der Tag von Christi-Geburt sei. Ein Tag voller Frieden, Hoffnung und Zuversicht. Diese lichtvolle Kraft in unseren Herzen, der wir so viele Namen gegeben haben, können wir tief in uns spüren. Es heißt nicht umsonst, dass man dort ist, wo man seine Aufmerksamkeit hinlenkt. Wer sich spüren will, sollte sich deswegen voll und ganz auf sein Herz konzentrieren.

- Hege heute mehrmals liebevolle Gedanken und gute Gefühle. Gehe auf dein Umfeld besonders wertschätzend, respektvoll und freundlich zu.

- Sprich Worte, die wie eine Einladung, Liebkosung oder Streicheleinheit sind. Lass deine Mitmenschen deine Fürsorge spüren, lasse sie an deinem großen Herz teilhaben.

- Tue mindestens einer Person etwas Gutes, mit einer Geste, die ihr noch lange in Erinnerung bleibt.

Den Himmel berühren

Auch körperlich wollen wir uns heute mit der einen Kraft verbinden. Stelle dich mit geschlossenen Beinen aufrecht hin. Dann falte die Hände, lege die Finger ineinander und drehe die Handinnenflächen nach außen. Die Arme nach vorne strecken, langsam nach oben führen und deinen Körper in eine gerade Linie bringen. Du bist jetzt ein Baum. Kerzengerade aufgerichtet, streckst du dich nach oben und bleibst mit den Füßen satt auf der Erde stehen. Entspanne dich in die Spannung hinein. Strecke und fühle dich nach oben und versuche dabei, die Schultern zu entspannen. Dort ist Spannung, und der Wille sitzt dort. Lasse die Schultern sachte fallen. Atme immer tiefer hinab und bleib ganz Baum. Zwei bis drei Minuten in dieser Haltung reichen aus, um dem Körper und dir eine neue Ausrichtung zu geben, mittig zu sein.

- Wenn du magst, vertiefe die Haltung mit guten Gedanken für den Tag.
- Es empfiehlt sich, diese kleine Übung als Morgenritual mit ins neue Jahr zu nehmen.

Zeit zur Entschleunigung

Rastlosigkeit und Eile erzeugen Druck. Druck macht Stress, und Stress ist nicht nur belastend, er wirkt sich auch auf unser körperliches Wohlbefinden aus. Zwischen all den Erledigungen und Aufgaben noch schnell dies und das machen, nebenbei rasch etwas essen. Alles muss schnell gehen, doch das Schlafen können wir nicht beschleunigen. Wir haben keinerlei Einfluss darauf, wann wir ins Traumland gelangen, und genau so wenig können wir das Aufwachen steuern.

Nimm dir Zeit für Entspannung, ganz gleich, wie viel du heute noch zu erledigen hast. Ein kurzer Spaziergang oder ein kurzes Abschaltritual lassen dich anschließend voller Esprit aufgetankt fortfahren. Nicht nur deine Lungen brauchen frische Luft, auch deinem Gehirn tut ein frischer Wind aus neuen Inspirationen gut. Oder warum sich nicht einfach mal Klängen hingeben und gar nichts denken? Auch schön!

Lasse inneren Druck und Frust entweichen und wisse: Der richtige Moment zum Entspannen ist dann, wenn du keine Zeit dafür hast.

Essenslust gegen Frust

Impulse, aus denen du auswählen kannst:

- Setze dich beim Essen hin.
- Sprich ein Gebet, laut, still oder segne das Essen.
- Auch Wasser freut sich über liebevolle Worte und Gedanken, Informationen die direkt in die Körperzellen übergehen.
- Kaue sorgfältig (mindestens zehn- bis zu 30-mal).
- Lege nach jedem Bissen das Essbesteck am Tellerrand ab, bis du zu Ende gekaut hast.
- Verzichte auf Ablenkungen wie PC, Handy oder Zeitung.
- Widme dich voll und ganz dem Essen und auch allen Bewegungen, die dazugehören. Genieße es!
- Bedanke dich beim Essen und ruhe danach ein wenig.

Tipps für besonders Experimentierfreudige:

- Verzichte auf Zwischenmahlzeiten, vier Stunden Rast für den Magen sind optimal.
- Nimm viel frische Nahrung zu dir. Verzichte auf denaturierte Fertigprodukte mit Zusatzstoffen.
- Verzichte einige Zeit auf Zucker und/oder Weizen sowie Milchprodukte.
- Überlege dir, ob du etwas essen willst, was eine Mutter hatte – vegetarische Kost ist bekömmlicher.

23

Loslassen

Zwei Mönche, Dorje und Gawa, begegnen am Flussufer einer jungen hübschen Frau, die offensichtlich den Fluss überqueren will. Ratlos steht sie da, sie will sich ihre Kleider nicht verderben. Ohne Zögern bietet ihr Dorje an, sie über den Fluss zu tragen. Die junge Frau klettert erfreut auf seinen Rücken. Am anderen Ufer angekommen, bedankt sie sich und zieht weiter.

Voller Entsetzen sagt Gawa: »Wie konntest du! Es steht uns nicht zu, eine Frau zu be-rühren! Es ist gegen die Vorschrift.« »Sie hat offensichtlich Hilfe gebraucht, und die habe ich ihr angeboten!«, antwortet Dorje ihm. Gawa wird lauter und entgegnet: »Aber wir dürfen das nicht! Ich verstehe deine Haltung nicht!« Dorje hüllt sich in Schweigen. »Willst du mir keine Antwort geben? Du hast wohl ein schlechtes Gewissen?«, tadelt ihn Gawa. Da sieht Dorje ihn an und sagt: »Ich habe der jungen Frau geholfen und sie am Ufer abgesetzt. Du aber trägst sie immer noch mit dir herum!«

Das lasse ich zum Jahresende los:

Lasse deine Gedanken frei!

Trägst du auch etwas mit dir herum, was dich beschäftigt, belastet oder grämt? Welche Lasten hortest du? Was belebst du immer wieder aufs Neue?

Man glaubt, immer dieselben Probleme zu haben, doch dem ist nicht so. Sorgen sind eigentlich Eintagsfliegen, die wir mit großer Anstrengung am Leben erhalten. Fenster auf und raus damit.

Probleme wohnen in Gedanken und basieren auf Ablehnung und Widerstand.

Notiere hier, wovon du dich heute, jetzt und hier verabschieden möchtest.

Diese Widerstände sind mir bewusst:

Das lehne ich ab, weil ich damit nicht ein-verstanden bin:

Seite rausreißen, wegwerfen, entsorgen oder verbrennen! Adios, ihr Schlechte-Laune-Verbreiter und Tag-Vermieser! Auf Nimmerwiedersehen!

Das Licht in der Dunkelheit

Wenn in der Finsternis ein Licht erscheint, sich die dunkelsten Ecken der Erde erhellen und Herzen leuchten, dann ist Weihnacht. Wenn Geschenke nebensächlich werden und Geborgenheit, Fürsorge und Menschlichkeit ans Tageslicht rücken, hat sich das Prinzip von Weihnachten erfüllt. Die Rückbesinnung auf die wahren Werte ist der tatsächliche Sinn des Lebens. Ihn müssen wir erst gar nicht suchen, weil er bereits in uns vorhanden ist.

Eine große Chance wohnt dem heutigen Tag inne: Dankbarkeit, Anteilnahme, Herzenswärme, Besinnung. Wenn es dir gelingt, nur eine davon in dein Leben zu integrieren, kannst du das ganze Jahr Weihnachten feiern und die Weihe-Nacht zum Startschuss für ein friedvolleres und zufriedeneres Leben nutzen. Dabei geht es nicht darum, die Welt zu retten oder zu verändern, sondern deine Sicht der Dinge zu überprüfen und gegebenenfalls zu erneuern.

Die Welt ist nicht das Schlechte oder das Andere da draußen. Sie lebt in dir.

Hinschauen und genießen

- Kerzenschein gibt uns das Gefühl von Wärme und Geborgenheit.
- Das Sonnenlicht ist auch da, wenn der Himmel von Wolken verhangen ist, wenn es schneit oder sich der Nebel übers Land gelegt hat.
- Es geht nicht um Veränderung, sondern um das Einsehen. Veränderung geschieht, sobald wir eingesehen und erkannt haben, was im Leben wirklich zählt.
- Feiere heute das Licht in dir. Lasse es weit werden. Verbinde dich mit allen zu einer Lichterkette und realisiere, dass es nur eine Kette gibt, auch wenn viele Lichter erstrahlen.
- Geteiltes Leid ist halbes Leid! Lasse den Schmerz, der uns allen innewohnt, einfach zu. Spüre, was er dir sagen möchte.
- Erkenne Sorgen und Ängste als Chance. Sie sind nicht schlecht oder etwas, das man loswerden muss. Ihnen fehlt es lediglich an Licht. Rumi sagt, dass die Wunde der Ort ist, wo das Licht dich erreichen kann. Besserung und Aufschwung sind jederzeit möglich. Erlaube es und lasse es zu.

Öffne dich für das Helle in dir, das Licht der Welt!

Bibliografische Information der Deutschen Nationalbibliothek

Die Deutsche Nationalbibliothek verzeichnet diese Publikation in der Deutschen Nationalbibliografie. Detaillierte bibliografische Daten sind im Internet über http://dnb.d-nb.de abrufbar.

Für Fragen und Anregungen:
info@m-vg.de

Qriginalausgabe
5. Auflage 2023
© 2021 by mvg Verlag, ein Imprint der
Münchner Verlagsgruppe GmbH
Türkenstraße 89
80799 München
Tel.: 089 651285-0
Fax: 089 652096

ISBN Print 978-3-7474-0378-5

Umschlaggestaltung: Manuela Amode
Umschlagabbildung: Shutterstock.com/IgorAleks
Abbildungen Innenteil: Shutterstock.com/TierneyMJ; OlgaG; IgorAleks; Shyvoronkova Kateryna; Melinda Nagy
Satz: Pageturner Production GmbH
Druck: Livonia Print, Riga
Printed in Latvia

Weitere Informationen zum Verlag finden Sie unter

www.mvg-verlag.de

Beachten Sie auch unsere weiteren Verlage unter www.m-vg.de